AF248198

44

L b 531.

PROCÈS-VERBAL

DE LA

PLANTATION

FAITE DANS L'INSPECTION

FORESTIERE DE BINCHE,

ARRONDISSEMENT DE CHARLEROI,

DÉPARTEMENT DE JEMMAPE,

EN COMMÉMORATION

DU

Mariage de Sa Majesté

L'EMPEREUR ET ROI.

Février 1811

ADMINISTRATION

GÉNÉRALE

des Eaux et Forêts de l'Empire.

24ᵉ. CONSERVATION.

INSPECTION DE BINCHE.

PROCÈS-VERBAL

de la plantation faite en Commémoration

du Mariage de Sa Majesté

L'EMPEREUR ET ROI.

L'AN dix-huit-cent-onze, le quatorze du mois de Février, nous LOUIS CHARLES PREVOST, Inspecteur des Eaux et Forêts de l'arrondissement de Charleroy, Membre du Collège Electoral dudit arrondissement, Secrétaire de la Société d'Agriculture du Département de Jemmape, correspondant de la Société Impériale de la Seine et de celle de l'Industrie Nationale; disons ce qui suit.

(4)

Monsieur le Conseiller d'État, Directeur Général, en annonçant par sa Circulaire du 4 Juin 1810 : que les officiers et gardes forestiers de la 23.me. Division de l'Empire, avaient célébré le Mariage de S. Majesté l'Empereur et Roi ; en plantant chacun deux Arbres, témoigna le désir de voir cet exemple suivi dans les autres arrondissemens ; en conséquence, après en avoir conféré avec Monsieur *Delmarmol*, Conservateur de cette Division, nous écrivimes circulairement le dix Septembre dernier à Messieurs les officiers forestiers de notre ressort, pour les inviter à planter eux-mêmes et à faire planter par chacun de leurs subordonnés cent arbres d'essences robustes, pour célébrer, comme dans la 23.e. Conservation, l'heureux evénement, dont les résultats ont consolidé à jamais la paix entre la France et l'Autriche. Nous leur écrivimes de nouveau le 5 Novembre dernier et en conséquence de notre appel, et partageant nos sentimens, ces Messieurs plantèrent eux-mêmes cent Arbres, et en firent planter un même nombre par chacun de leurs subordonnés. La joie que nous éprouvâmes en apprenant l'exécution de ces travaux, nous décida à inviter Messieurs les officiers de notre Inspection à assister à la plantation des cent Arbres, formant notre contingent personnel dans celle générale de l'Arrondissement.

Répondant à notre désir, M. M. de Marbais Sous-Inspecteur, Mazel et Lorent, gardes généraux, accompagnés des gardes à cheval de la Sous-Inspection de Rance, se rendirent près de nous, le 9 du courant.

La cérémonie à laquelle plusieurs Magistrats et Fonctionnaires étaient disposés à intervenir d'après notre demande, fut ajournée, à cause du mauvais tems, au Jeudi quatorze du courant.

Pendant toutes les journées qui suivirent celle du 9, jusqu'au 13, il fit un tems epouvantable, ce qui fut cause que nous reçûmes des lettres de la part de beaucoup de personnes, nous annonçant l'impossibilité de prendre part à la fête. Le Sous-Inspecteur de Charleroy nous fit savoir que les inondations de la Sambre l'empêchoient d'arriver jusqu'au chef-lieu de l'inspection, et nous adressa en même-tems la déclaration portant que lui et tous les gardes de son ressort avaient planté chacun leur cent Arbres.

Et ledit jour quatorze du courant à dix heures du matin se sont rendus en notre domicile à Battignies les personnes invitées et ci-après désignées, *Savoir.*

Messieurs

Moreau de Bellaing, Propriétaire, vice-Président de la Société d'Agriculture du Département de Jemmape, Membre de celle pour l'Industrie Nationale, et correspondant de celle d'Agriculture, d'Industrie et des Arts, à Valenciennes.

Waroqué, Administrateur-Général des Houillères de Mariemont et l'Olive,

Président du canton de Binche et du bureau central de bienfaisance, Maire de la commune de Morlanwelz, Membre du collège électoral et de la Société d'Agriculture du département.

Leghait, Juge de Paix du canton de Binche et Membre du collège du département.

Langrand, Maire de Battignies et Membre du collège électoral de l'Arrondissement.

George d'Epinois, Maire d'Epinois, Membre du collège électoral du département et de la Société d'Agriculture.

Leclerc, Receveur du Domaine-Impérial, et Membre du collège électoral du département.

Gobart d'Herchies, Membre de l'Administration des Hospices, et du collège électoral d'arrondissement.

George d'Epinois Fils, et Leclerc du Fayt, Membre du collège électoral.

De Marbaix, Sous-Inspecteur des Eaux et Foréts, à Rance.

Mazel, Garde-Général au cantonnement de Montigny de St. Christophe.

Lorent, Garde-Général, au cantonnement de Chimay.

Fagot, Garde Brigadier à cheval, à Rance.

*Viroux, Garde Brigadier à cheval,
à Chimay.*

*Hachez, Garde Brigadier à cheval,
à Morlanwelz.*

*Cossée, Garde Brigadier à cheval, à
Waudrez et Membre du collège électoral
d'arrondissement.*

Dineur, Secrétaire de l'Inspection.

Le Cortège s'étant formé, nous partîmes de notre domicile accompagné d'un fort détachement de gardes brigadiers et particuliers de notre Inspection, et d'une musique très-nombreuse, et nous nous rendîmes au bruit du canon, au son des instrumens, à la Chapelle de Ste. Anne, oratoire de Battignies, où une Messe solemnelle fut célébrée pour rendre graces au TOUT-PUISSANT du Mariage de leurs MAJESTÉS et pour le prier de vouloir bien accorder à notre AUGUSTE SOUVERAINE un Heureux Accouchement, et à L'EMPEREUR, l'Héritier qu'il désire si vivement. Pendant la Messe, la musique exécutait différens morceaux extraits de ceux composés à Paris pour le Mariage de L'EMPEREUR, et les airs retentissaient des Salves d'artillerie et de Mousqueterie.

Le Service divin terminé, le Cortège reprit sa marche vers la Pepinière, escorté d'une grande foule de Spectateurs, qui eux-mêmes avaient assisté à la Messe. Nous nous rendîmes au lieu préparé par nous Inspecteur pour la plantation, objet

de la Fête ; ce terrein de quarante à cin-
quante ares environ présente dans son
enclos, qui fait face du côté du sud à la
grande route projettée de Paris à Aix-la
Chapelle, par Mons, Binche et Charleroy ;
un carré prolongé s'élevant en amphiteâtre,
à l'extrémité duquel nous avons fait élever
un large plateau garni de gradins et auquel on arrive par deux avenues de chacune
quarante-deux Chênes, par nous plantés
le jour d'hier ; sur ce plateau, un demi
cercle se décrivoit, formé par dix-neuf
Peupliers d'Italie, entre lesquels on voyait
sinuer des festons de guirlandes de fleurs
et de verdure ; au centre de la courbe,
un Pal garni de feuillages, de fleurs et
de rubans aux couleurs des deux Puis-
sances, soutenait une large Couronne
composée de feuilles de myrthe, de lierre,
de laurier et de fleurs d'immortelle.

Le Cortège ayant parcouru les avenues
monta sur le plateau, où étant, *Messieurs
Leghait, Waroqué, George d'Epinois et
Leclerc*, plantèrent un Chêne, qui à
l'instant fut nommé le Chêne Napoleon.

Ensuite Messieurs les officiers des forêts
plantèrent en face du Chêne un mélèze-larix
de la plus belle venue et lui donnèrent le
nom de Marie Louise.

Enfin *Messieurs Moreau de Bellaing*
au nom de la *Société d'Agriculture* du département, *Lengrand d'Herchies, George
d'Epinois fils et Leclerc* plantèrent un

joli petit Chêne entre celui NAPOLEON et le Larix MARIE LOUISE ; ce jeune Arbuste fut nommé NAPOLEON , enfant et héritier du Trône de leurs MAJESTÉS.

Au pied des racines de chacun des trois Arbres ci-dessus, furent plantés des buissons de touffes de rosiers de différentes espèces , nous traçâmes ensuite sur le terrein du plateau une N. et une L. lettres initiales des noms de leurs MAJESTÉS, pour être remplies de fleurs au printems prochain.

Toutes ces plantations furent faites successivement au milieu des salves continuelles d'artillerie et de mousqueterie , au son de la musique et des cloches et aux acclamations mille fois répétées de VIVE L'EMPEREUR ET L'IMPÉRATRICE.

Cette cérémonie terminée , nous Inspecteur prononçâmes le discours , dont suit la teneur :

MESSIEURS.

DE quelle douce ivresse cette simple et touchante cérémonie nous pénètre !!!! que de pensées consolantes elle nous inspire ! la force des sensations qui font en ce moment palpiter nos cœurs est si vive, qu'il est au dessus de nos forces d'en présenter ici le tableau !!!!

Ces Arbres dont les racines ainsi que les rameaux ont été entrelacés par vos mains, ces touffes de rosiers, au milieu desquels ils s'élevent et qu'ils couvriront bientôt de leur feuillage protecteur, sont l'image de l'amour, de l'union et de la confiance, qui subsistent et existeront toujours, entre le plus grand Monarque du monde et son auguste Epouse, comme aussi entre la France et l'Autriche qui leur ont donné naissance.

Cette félicité intérieure de nos Souverains a créé la félicité publique. Que d'actions de graces, que d'attachement, que de respect nous leur devons pour prix de la douce paix, dont le mariage, que cette réunion nous rappelle, est le précieux résultat!

Que notre mémoire rétrograde de quelques années et se repose sur ce que nous avons vu, dites, Messieurs, dites, pouvait-il entrer dans les conceptions humaines que le grand évènement, dont nous faisons la commémoration aujourd'hui, dut jamais arriver? Il appartenait à l'homme admirable, qui a effacé de notre langue le mot *impossible*, de le créer, par son courage, ses triomphes, mais plus encore par ses vertus et ses mérites surnaturels; il lui appartenait, à lui seul, de faire sortir le bonheur de deux nations les premieres de l'Europe, du sein même du carnage et des horreurs d'une guerre presque non interrompue depuis plus de quinze ans.

Voyez-vous ce Chêne robuste? Il tient

le premier rang parmi les grands végétaux,
qui font l'ornement de la nature ; sa
majesté, sa force, son utilité l'ont constitué
le souverain de tous les arbres, et cependant
il n'est à nos yeux qu'une bien foible image
du héros, du grand homme, du père de la
patrie enfin, auquel nous venons de le consacrer. Soumis aux destinées communes,
cet arbre cessera un jour d'exister, mais la
gloire de celui qu'il représente ne mourra
jamais. Les générations les plus reculées ré-
péteront le nom chéri de NAPOLEON avec
le même entousiasme que nous, Messieurs,
qui avons le bonheur de vivre sous les loix,
enfans de sa justice et de son génie.

Ce mélèze - larix offre dans la noblesse et
la dignité de son port une idée bien im-
parfaite à la vérité des graces et des attraits
de notre auguste SOUVERAINE, mais ne
nous accusons point de la foiblesse de nos
emblêmes, il n'en existe pas pour peindre
les Dieux.

Ah ! Messieurs, je devine et je partage
votre attendrissement à l'aspect de ce jeune
arbuste, placé par vos mains entre l'arbre
NAPOLEON et celui de MARIE LOUISE ;
oui, Messieurs, vous le consacrez d'avance
à l'illustre rejetton de l'auguste famille,
à ce rejetton que le CIEL dans sa bonté
va bientôt donner à notre SOUVERAIN,
pour le récompenser de ses immenses et
immortels travaux. Cette anticipation sur
un événement qui consolidera à jamais le
bonheur et la paix de notre patrie, osons

le dire, du monde entier, ne peut qu'accroitre la joie naïve et impétueuse, qui brille parmi nous. Cette vaste couronne qui surmonte et enferme, dans le cercle qu'elle décrit, les trois arbres sacrés, présente à vos yeux, dans son tissu formé de myrthe, de lierre, d'immortelles et de laurier, l'emblême de l'amour de la nation pour ses SOUVERAINS, de son courage et de son généreux dévouement, lorsqu'il s'agit de la défense de leurs augustes personnes, et de la gloire de leurs trônes.

Cette plantation n'est point la seule qui consacre dans cette inspection forestière la mémoire du plus heureux des hyménées. Tous mes collaborateurs de tous rangs et de tous grades en ont créé de semblables, (huit mille neuf cents arbres viennent d'être confiés à la terre à l'instant où je vous parle et un plus grand nombre les suivra d'ici au mois prochain) bientôt Mr. *le Directeur-Général des Eaux et Forêts de l'Empire*, dont nous n'avons fait que remplir les intentions nobles et généreuses, daignera leur exprimer par l'organe de notre digne conservateur, toute sa satisfaction, pour prix de leurs travaux; mais qu'il me soit permis ici, Messieurs, de leur payer devant vous le tribut de reconnaissance que leur zèle m'inspire, je suis convaincu que vous ne trouverez point deplacés les éloges, que je me plais à leur donner et qu'au contraire chacun de vous les leur prodiguera d'aussi bon cœur que je le fais moi-même.

Déja avant la cérémonie qui nous réunit dans cette enceinte, que vous venez de nommer le plantis de l'hyménée, nous avons offert nos actions de graces, nos vœux et nos prières au Tout-Puissant, pour le remercier de cette illustre alliance, qui fait notre bonheur et pour le supplier, qu'en accordant des couches heureuses à notre Souveraine, il donne à son auguste Époux, et à la France, le précieux Enfant attendu avec tant d'impatience. Ici, Messieurs, sous les jeunes rameaux de ces Arbres consacrés par la fidélité, l'amour et la reconnaissance, répétons ces mêmes vœux et ajoutons - y le serment solemnel du plus tendre et du plus respectueux attachement et aussi d'un dévouement sans bornes pour les premiers monarques de l'univers; dans l'elan de la franchise et dans le délire de la plus vive allégresse, redisons tous, d'un cri unanime, VIVE L'EMPEREUR ET L'IMPÉRATRICE. et vive bientôt aussi L'HERITIER de leur puissance et de toutes leurs vertus.

Nos paroles, expressions sincères de notre respect et de notre amour pour nos Souverains, furent accueillies avec la bienveillance des mêmes sentimens, tant par les Membres du cortège que par les nombreux spectateurs intervenus à la fête.

Nous observâmes que, par un hazard vraiment heureux, chacune des deux avenues qui conduisent au plateau étoit composée de quarante-deux Chênes et offroit ainsi chacune, le nombre d'années qui forment l'âge actuel de S. M. L'Empereur, et que les dix-neuf peupliers, décrivant un demi cercle sur le plateau, précisaient également l'âge de S. M. L'Impératrice-Reine; cette observation fut accueillie par un rédoublement d'acclamations de Vive l'Empereur et l'Impératrice.

Le cortège rentra dans notre habitation, où il accepta un diner préparé par l'amitié; la gaieté la plus aimable y présida, et pour achever la fête, les santés de leurs Majestés furent portées avec le plus vif entousiasme et le désir de voir bientôt paroitre l'Héritier si ardemment attendu fut exprimé avec le délire des coeurs vraiment amis de leur patrie, l'artillerie et la mousqueterie redirent bruyamment les voeux de tous les convives, dont la voix s'unissant aux accords de la musique répéta les chants de l'hymenée et du bonheur de la France.

Voulant consacrer le souvenir de cette fête, Monsieur le vice-Président de la Société d'Agriculture de Jemmapes et les autres personnes formant la réunion décidèrent spontanément que le procès-verbal de la cérémonie, ainsi que le discours prononcé par nous Inspecteur, seraient imprimés et distribués aux Membres de la Société d'Agriculture de Jemmapes, aux Sociétés correspondantes avec cette dernière à Messieurs les Agens et gardes-forestiers de l'inspection et à tous les conviés à la fête.

Et de ce qui précède , à la réquisition des personnes présentes à la cérémonie ci-dessus détaillée , nous avons tenu ce procès-verbal qu'elles ont signé avec nous à la Pépinière , notre résidence , les jours mois et an prérappellés. Sont Signés. *Moreau de Bellaing, Waroqué, Leghait, Langrand, George d'Epinois, Leclerc, Gobart d'Herchies, George d'Epinois fils, Leclerc, de Marbaix, Mazel, Lorent, Fagot, Viroux, Hachez, Cossée, Dineur et Prevost.*

Pour copie conforme

L'Inspecteur des Eaux et Forêts de l'arrondissement de Charleroy, Secré-taire de la Société d'Agriculture du Département de Jemmapes.

L. G. PREVOST.

A Mons, de l'Imprimerie de A. JEVENOIS, Libraire, sur la Grande Place, N°. 15.